I0814102

SERPENTS DANGEREUX

# LE SERPENT À TÊTE CUIVRÉE

Kelli Hicks

## TABLE DES MATIÈRES



Un livre de la collection
Les jeunes plantes de Crabtree

CRABTREE
Publishing Company
www.crabtreebooks.com

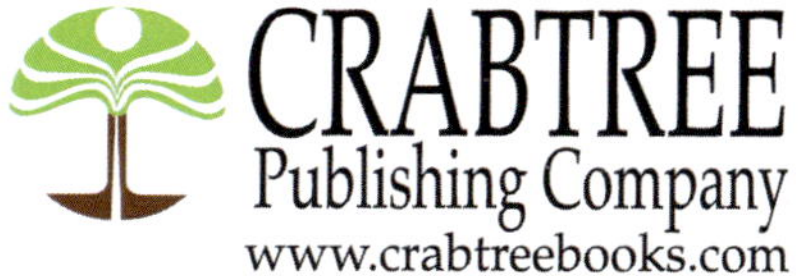

# Soutien de l'école à la maison pour les parents, les gardiens et les enseignants

Ce livre aide les enfants à se développer grâce à la pratique de la lecture. Voici quelques exemples de questions pour aider le lecteur ou la lectrice à développer ses capacités de compréhension. Les suggestions de réponses sont indiquées en rouge.

## Avant la lecture

- De quoi ce livre parle-t-il?
  - *Je pense que ce livre parle des serpents à tête cuivrée.*
  - *Je pense que ce livre contient plein de faits intéressants sur les serpents à tête cuivrée.*

- Qu'est-ce que je veux apprendre sur ce sujet?
  - *Je veux savoir où vivent les serpents à tête cuivrée.*
  - *Je veux savoir ce qu'ils mangent.*

## Pendant la lecture

- Je me demande pourquoi...
  - *Je me demande pourquoi les serpents à tête cuivrée ont la peau rude.*
  - *Je me demande pourquoi les bébés serpents à tête cuivrée ont la queue jaune.*

- Qu'est-ce que j'ai appris jusqu'à présent?
  - *J'ai appris que les bébés serpents à tête cuivrée utilisent leur queue jaune pour attirer leur proie.*
  - *J'ai appris que les serpents à tête cuivrée utilisent leurs crochets et leur venin pour tuer leurs proies.*

## Après la lecture

- Nomme quelques détails que tu as retenus.
  - *J'ai appris qu'après un repas, le serpent à tête cuivrée peut se passer de nourriture pendant plus de deux semaines.*
  - *J'ai appris qu'il attaque quand il a peur.*

- Lis le livre à nouveau et cherche les mots de vocabulaire.
  - *Je vois le mot* ***habitats*** *à la page 18 et le mot* ***attaque*** *à la page 20. Les autres mots du glossaire se trouvent aux pages 22 et 23.*

# LE SERPENT À TÊTE CUIVRÉE

Tu vois la tête brun-rouge et la peau **rude**?

Attention! C’est un serpent à tête cuivrée.

Un motif apparaît sur son corps **épais**.

Il a des **crochets** mortels.

Les bébés serpents à tête cuivrée naissent avec des crochets et une queue jaune qui ressemble à un ver. La queue attire sa **proie**.

Les serpents à tête cuivrée se servent de leurs crochets et de leur venin pour tuer leurs proies.

Les crochets des serpents à tête cuivrée sont creux et fonctionnent comme une seringue pour injecter le poison venimeux aux proies.

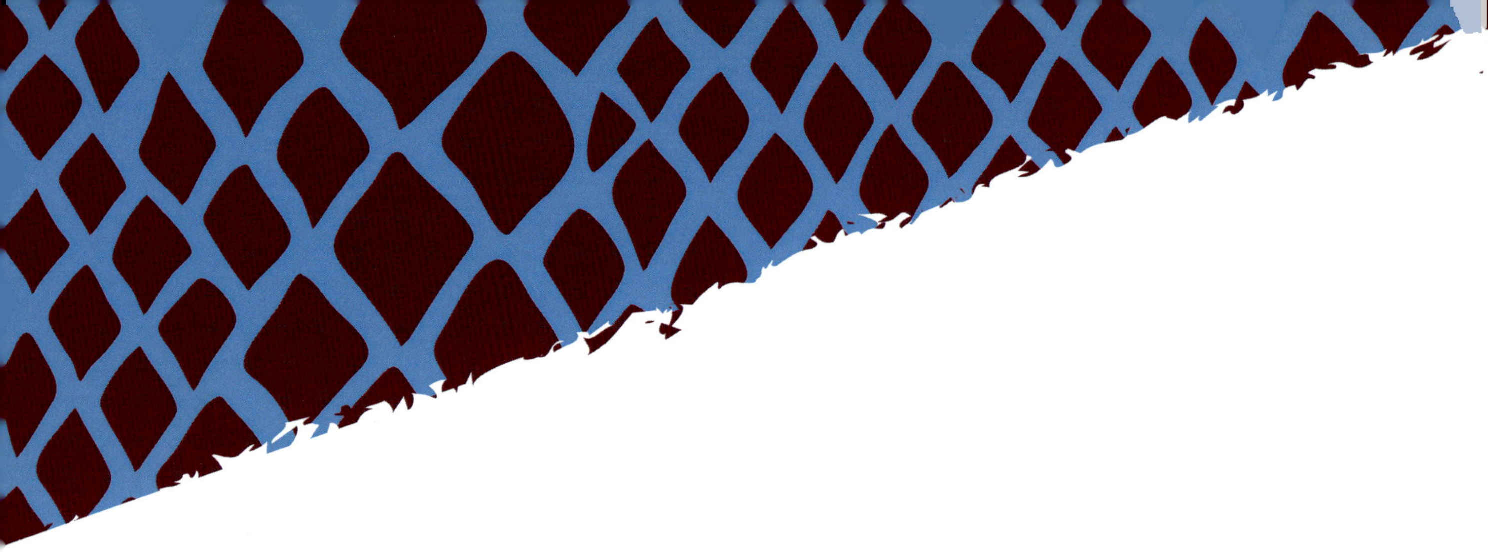

Le serpent à tête cuivrée affamé se prépare à attaquer.

Il ouvre très grand la bouche pour attraper sa proie.

Le serpent à tête cuivrée peut se passer de nourriture pendant plus de deux semaines après un repas.

Les serpents à tête cuivrée peuvent vivre dans différents **habitats**.

On trouve des serpents à tête cuivrée les forêts, dans les déserts et même dans les marécages.

Sois prudent! Le serpent **attaque** quand il a peur.

# Glossaire

**attaque** (a-tak) : Attaquer signifie essayer de blesser quelqu'un ou quelque chose.

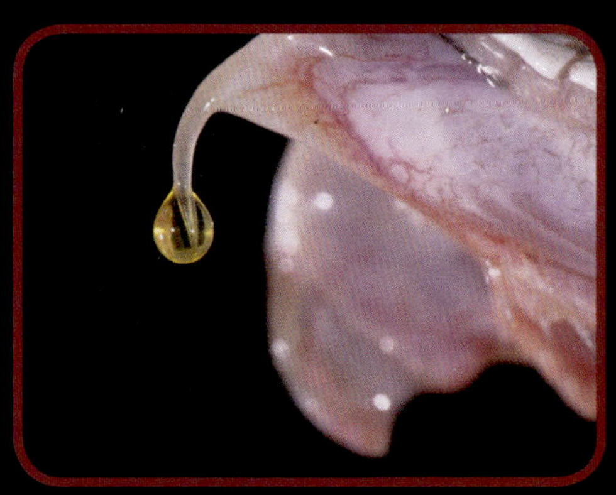

**crochets** (cro-chè) : Les crochets sont de longues dents acérées.

**épais** (é-pè) : Épais signifie large ou profond, c'est le contraire de mince.

**habitats** (a-bi-ta) : Les habitats sont les endroits où les animaux et les plantes vivent naturellement.

**proie** (proa) : Une proie est un animal chassé et mangé par un autre animal.

**rude** (rud) : Les surfaces rudes ont une texture, elles ne sont pas lisses.

# Index



# Sites Web

Les sites Web sont en anglais seulement.

www.livescience.com/43641-copperhead-snake.html
www.nationalgeographic.com/animals/reptiles/c/copperhead-snakes

# À propos de l'autrice

## Kelli Hicks

Kelli Hicks adore apprendre de nouvelles choses sur la science et la nature, notamment les serpents dangereux. Elle préfère lire des livres sur les serpents que les rencontrer en personne. Elle habite à Tampa avec son mari, ses deux enfants et son chien, Emma June.

**Autrice :** Kelli Hicks
**Conception :** Jennifer Dydyk
**Révision :** Tracy Nelson Maurer
**Correctrice :** Janine Deschenes
**Traduction :** Annie Evearts
**Coordinatrice à l'impression** : Katherine Berti

Références photographiques : Masque pour le graphique de peau de serpent sur la couverture et les autres pages © shutterstock.com/Merydolla; triangle jaune avec le graphique de serpent © Top Vector Studio/Shutterstock; photo de la couverture : © shutterstock.com/Wildvet. Page 3 : ©shutterstock.com/Matt Jeppson. Page 5 : ©shutterstock.com/Dennis W Donohue. Page 6 : ©shutterstock.com/Dennis W Donohue. Page 7 : ©stock.com/amwu. Page 8 : ©Laura Ballard | Dreamstime.com. Page 9 : ©shutterstock.com/Breck P. Kent. Page 11 : ©shutterstock.com/ Suzanna Ruby. Page 13 : ©shutterstock.com/Matt Jeppson. Page 15 : ©shutterstock.com/Dennis W Donohue. Page 17 : ©istock.com/makasana. Page 19 : ©shutterstock.com/lev radin. Page 21 : ©William Wise | Dreamstime.com. Page 22 (crochet) : © shutterstock.com/ Joe McDonald. Page 23 : ©istock.com/CreativeNature_nl

**Crabtree Publishing Company**

www.crabtreebooks.com 1-800-387-7650





**Publié aux États-Unis**
**Crabtree Publishing**
347 Fifth Avenue
Suite 1402-145
New York, NY, 10016

**Publié au Canada**
**Crabtree Publishing**
616 Welland Ave.
St. Catharines, Ontario
L2M 5V6

Imprimé au Canada/102021/CPC

**Catalogage avant publication de Bibliothèque et Archives Canada**

Titre: Le serpent à tête cuivrée / Kelli Hicks ; texte français d'Annie Evearts.
Autres titres: Copperheads. Français.
Noms: Hicks, Kelli, auteur.
Description: Mention de collection: Serpents dangereux | Les jeunes plantes de Crabtree | Traduction de : Copperheads. | Comprend un index.
Identifiants: Canadiana (livre imprimé) 20210281626 | Canadiana (livre numérique) 20210281634 | ISBN 9781039608702 (couverture souple) | ISBN 9781039608764 (HTML) | ISBN 9781039608825 (EPUB)
Vedettes-matière: RVM: Mocassins (Serpents)—Ouvrages pour la jeunesse. | RVMGF: Documents pour la jeunesse.
Classification: LCC QL666.O69 H5314 2022 | CDD j597.96/3—dc23